A Monsieur L. Delisle
Très respectueux hommage
des auteurs

LES

NOTES POUR L'ENLUMINEUR

DANS

LES MANUSCRITS DU MOYEN AGE

PAR

MM. Samuel BERGER et Paul DURRIEU

Membres résidants de la Société nationale des Antiquaires
de France.

---

*Extrait des Mémoires de la Société nationale des Antiquaires
de France, t. LIII.*

PARIS

1893

LES

NOTES POUR L'ENLUMINEUR

DANS

LES MANUSCRITS DU MOYEN AGE.

Une profonde obscurité enveloppe, d'une manière générale, tout ce qui touche à la personnalité des enlumineurs du moyen âge. Des centaines de miniaturistes se sont succédé, créant par leur pinceau, pour la postérité, une galerie d'une richesse incomparable, sans que leur nom ni aucune particularité de leur existence aient presque jamais laissé aucune trace. A peine possédons-nous quelques rares documents d'archives, bien insuffisants pour répondre à notre légitime désir de pénétrer dans l'intimité de ces artistes féconds, ingénieux et charmants.

Cependant, nous sommes peut-être moins pauvres que nous ne le croyons. Il existe des ressources, auxquelles on n'a pas encore suffisamment songé jusqu'ici, qui, exploitées avec méthode, peuvent nous apporter des lumières toutes nouvelles. En somme, ce qui est surtout attachant dans l'homme adonné au culte d'une branche de l'art, ce n'est pas le côté bourgeois et terre-à-terre de la vie purement matérielle, c'est le côté intellectuel, ce sont les heures de labeur, c'est la production de l'œuvre où se révèlent son talent et ses facultés créatrices. Saisir l'artiste chez lui, dans son intimité, au milieu des siens, à travers les phases de son existence domestique, c'est bien sans doute ; c'est mieux encore de le surprendre penché sur sa tâche et de le suivre dans ses travaux. Quel intérêt ne prendrions-nous pas si, par quelque coup de baguette magique, nous pouvions nous trouver transportés dans un de ces ateliers, consacrés à l'exécution des livres enluminés, qui ont particulièrement fleuri en France du XIIIe au XVe siècle ! si nous pouvions assister aux préparatifs de la décoration d'un volume, voir le chef du travail, copiste ou libraire, en conférence avec ses collaborateurs artistiques, l'entendre leur donner ses ordres, leur développer le programme qu'ils auront à remplir ! Or, ce rêve, jusqu'à un certain point, peut devenir réalisable. L'écho des instructions exprimées par les libraires du moyen âge aux miniaturistes s'est prolongé à travers les siècles. Il ne tient qu'à nous d'y prêter l'oreille.

En effet, à dater au moins du XIIIe siècle, le

chef d'atelier ne se bornait pas à donner aux miniaturistes chargés d'exécuter les images des prescriptions verbales. Pour éviter toute erreur, il prenait soin, fort souvent, de leur indiquer leur besogne par écrit, au moyen de petites notes mises sur le feuillet même de parchemin qu'ils devaient illustrer. Ces *notes pour l'enlumineur* étaient tracées, près de la place laissée vide pour recevoir des peintures, d'une écriture très légère et facilement effaçable ; ou bien encore, on les plaçait dans la marge inférieure, tout à fait au ras du bord. Toutes, en principe, étaient destinées à disparaître, une fois le livre terminé. On les grattait ; on les ponçait. Quant à celles qui étaient placées au bas des pages, elles devaient tomber sous le couteau du relieur.

Dans d'innombrables manuscrits, en inspectant attentivement les marges, on peut reconnaître des traces de notes de ce genre, ainsi enlevées après la fin du travail. Mais, par bonheur, il est arrivé que le grattage n'a pas été toujours poussé assez loin pour ne pas laisser la possibilité de lire encore la note, qu'à la reliure le bord inférieur du feuillet n'a pas été rogné d'assez près, ou même qu'on a totalement omis de procéder à cette suppression des indications devenues inutiles. Nous nous trouvons, par suite, avoir alors, à côté de l'œuvre du miniaturiste, le texte du programme d'après lequel cette œuvre a été exécutée. Quelquefois les notes pour l'enlumineur peuvent prendre un caractère plus personnel. Par la langue dans laquelle elles sont écrites, elles nous renseignent sur la nationalité de l'enlumineur; elles vont même jusqu'à nous donner son nom.

Cette question des notes pour l'enlumineur avait depuis longtemps déjà attiré l'attention des deux signataires du présent travail; l'un s'en occupant à propos des manuscrits bibliques, l'autre, d'une manière plus générale, au point de vue de l'histoire de l'enluminure au moyen âge. Nous étant ainsi rencontrés sur le même terrain, il nous a paru à tous deux qu'il y aurait intérêt pour l'érudition à mettre en commun nos observations. De là, le mémoire qui va suivre, divisé en deux parties : la première, étudiant les notes pour l'enlumineur spécialement dans les manuscrits de la Bible; la seconde, les mêmes notes dans tous les autres genres de volumes écrits à la main, textes littéraires, ouvrages d'histoire ou de science, livres liturgiques, etc.

Les exemples que nous donnerons ne sont qu'une faible partie de ceux que nous avons recueillis de part et d'autre. Ce choix suffira à montrer quelle source d'indications on peut trouver dans ces notules tracées sans prétention, condamnées par leurs auteurs mêmes à une disparition immédiate et que le hasard a sauvées pour nous par une heureuse fortune.

I.

Les notes pour l'enlumineur dans les manuscrits de la Bible.

L'histoire de l'art au moyen âge nous montre un singulier esprit de suite dans la manière d'enluminer la Bible. Pendant plusieurs siècles, les sujets des peintures qui accompagnent les divers livres bibliques restent les mêmes, et ces sujets sont presque toujours compris de la même façon et traités plus ou moins dans le même style. Il y a eu certainement, dans l'art de décorer la Bible, depuis les temps les plus anciens jusqu'à la veille de la Renaissance, une tradition presque continue et qui a été très lente à se modifier. Qui a vu une Bible du XIIIe, du XIVe ou du XVe siècle les a vues presque toutes, et, dans cet art si constant avec lui-même, les différences seules valent la peine d'être relevées. Il en est de même des Bibles françaises, et la même continuité dans la tradition est la loi des principaux cycles de la peinture chrétienne, en particulier de l'Histoire de la Genèse, des Psaumes, de l'Histoire évangélique et de l'Apocalypse, et surtout des portraits des évangélistes, dont le type montre une si remarquable fixité. L'étude de la tradition dans l'art chrétien est une des plus attrayantes qui puissent se présenter à l'historien, et elle est presque sans limites. Un seul sujet nous préoccupe en ce moment, c'est la manière dont cette tradition s'est communiquée aux artistes dans les trois derniers siècles du moyen âge.

Ne croyons pas que les documents, sur les rapports du libraire et du peintre, soient d'autant plus abondants que le livre que nous étudions a été plus souvent copié. C'est le contraire qu'il faudrait dire, car, lorsqu'une édition se faisait en fabrique et à grand nombre, il était inutile de tracer aux ouvriers leur devoir : les modèles abondaient, et le peintre avait, pour ainsi dire, la tradition dans ses doigts. C'est ainsi que nous n'avons conservé presque aucune note sur les marges de la Vulgate, dont la librairie parisienne, pour ne parler que d'elle, a mis au jour, depuis le commencement du règne de saint Louis, tant de milliers d'exemplaires. La Bible française au contraire était un article de grand luxe et dont on copiait rarement plusieurs exemplaires à la fois. C'est pourquoi les Bibles historiales du XIVe et du XVe siècle nous ont conservé la plus riche collection que l'on puisse désirer de notes pour l'enlumineur. L'ouvrier, soit écrivain, soit peintre ou décorateur, travaillait sans doute le plus souvent à domicile. Nous savons même qu'à Paris, au commencement du XIVe siècle, on utilisait le travail d'un prisonnier pour la besogne de copier la Bible, et même la Bible française :

Anno milleno tricenteno duodeno, hoc opus transcriptum est a Roberto de Marchia clerico, Parisius in carcere mancipato : a quo velit [eum] deliberare Deus, qui est retributor omnium bonorum[1].

Il faut recommander ce texte à ceux qui étudieront le régime intérieur des prisons et la question pénitentiaire au moyen âge[2].

Cinq ans plus tard, en 1317, la Bible de Robert de la Marche servait de modèle à un autre clerc, qui travaillait, lui, en liberté, à Jean de Papeleu, demeurant à Paris, dans la rue des Écrivains[3]. Il est probable que, pendant ces cinq ans, cette Bible était restée dans la boutique du libraire qui l'avait commandée. A côté des miniatures qui décorent plus ou moins bien la Bible du prisonnier, on lit encore[4] quelques-unes des notes

---

1. Musée Britannique, 1. A. XX. (S. Berger, *La Bible française au moyen âge*, 1884, p. 188).

2. Disons ici, à ce propos, que d'autres manuscrits que la Bible ont été aussi exécutés dans des conditions analogues. On peut, par exemple, mettre en regard de la souscription de Robert de la Marche cette note finale, déjà relevée par M. Delisle (*Le cabinet des manuscrits*, t. II, p. 389), qui termine le ms. français 1611 :

« Explicit le livre de Baudoyn, conte de Flandres, le viiie jour de mars, l'an mil IIIIᶜ LXXIIII, fait par Gilet le Clerc, prisonnier, sans cuidié avoir mal pensé, ès prisons du roy nostre sire à Troyes. — Ce livre appartient à honnoré escuyer Yonnet d'Oraille, maistre d'ostel de monseigneur le gouverneur, lequel, à l'ayde de Dieu, me puisse delivrer de mes douleurs et moy faire changier air.

« Detur pro pena scriptori pulcra puella.

« Vostre humble prisonnier, natif de Vendeuvre : G. LE CLERC. — Memoire dudit pouvre prisonnier. »

3. Arsenal, 5059 (*Ibid.*, p. 188 et 283).

4. Fol. 36 v°, 166, etc.

par lesquelles l'entrepreneur dirigeait le travail du peintre. Celle qui précède le livre de Daniel est assez naïve : « Un saint en une fosse o (c'est-à-dire avec) deus lions et qui grate les testes as (?) lions. » Nous ne connaissons que deux manuscrits de la Bible latine qui aient conservé de semblables directions pour l'ouvrier, et l'un de ces deux manuscrits a été copié en Allemagne. L'autre est très probablement parisien. La chose est naturelle : plus nous remontons, en effet, moins les Bibles pouvant servir de modèles étaient nombreuses, et dans les premiers temps elles ne devaient pas rester longtemps à l'étalage du libraire. Le manuscrit Bibl. nat., lat. 11554 (de Séguier, puis de Saint-Germain), dont nous parlons, est le second volume d'une grande et belle Bible latine, écrite dans la seconde moitié du XIIIe siècle et richement décorée. Voici, parmi les notes qui étaient tracées au crayon sur les marges, une partie de celles que l'on peut encore lire :

ÉSAÏE : Ysaie que on scie.

JÉRÉMIE : Jeremies li prophetes.

LAMENTATIONS : Jeremies qui pleure.

BARUCH : Un home sean[t et .j.] prophetes escrivant.

ÉZÉCHIEL : Ezechiel sor l'ewae, qui vit en nue ardant [les .iiij.] ewangelistes en bestes.

DANIEL : Daniel en la fosse à .vij. lions.

OSÉE : Un prophetes.

ABDIAS : Abdias qui done les prophetes à mangier en fosses en terre.

JONAS : Jonas que li pexons eng[oule].

Nahum : Naum prophete contre la cité...

Habacuc : Abacuh qui chose à Dieu.

Sophonie : Sophonie qui prophetit.

Aggée : Prophetes en estant. Le segnor Joh (lisez : Zorobabel) desous. Le prestre en mantel à grant barbe desous.

Zacharie : Zacharie qui voit .j. home en l'abre à ch[e-val].

I. Machabées : Mathathias qui chastie ses .v. fiz.

Matthieu : Saint Mateus l'ewangeliste qui escrit.

Marc : Saint Jehan Baptiste qui tient l'agnel.

Luc : Zacharie le pere saint Jehan si com [il] encense l'autel et qu'il voit ve[nir u]ne calice sur l'autier (?) et li an[gles] li anunce la nati[vité] saint Jehan.

Romains : Saint Pol en char[tre] qui envoie par .j. messa[gier]...

Jacques : Saint J[aques] l'apostre.

I. Jean : Saint Jehan q[ui cuit] en l'uile.

Apocalypse : Saint Jehan qui escrit as .v[ij.] eglises.

Nous avons ici, en abrégé, le manuel de la décoration de la seconde moitié de la Bible suivant les traditions de la librairie parisienne. Pour la première partie de la Bible latine, nous ne connaissons qu'un seul exemple de notes pour l'enlumineur : il nous est donné par un manuscrit de date récente, mais copié en dehors de France ; ces notes sont écrites en allemand :

Lévitique : *Da kumpt ain bischo[ve] unn lect fur uff [ain] altar, unn grift (?) ainen bokk uff dem hupt* (« Voici venir un évêque qui allume le feu sur un autel et qui saisit un bouc par la téte »).

II. Rois : *Da kumpt ain gewapeter von dem felt (?)*

zuo kunig David (« Voici un homme armé qui revient de la guerre auprès du roi David »).

I. Chroniques : *Obenn Adam Eva unn juden. Unden velt ain ku[nig] in seim swert* (« En haut, Adam, Ève et des juifs. En bas, un roi [Saül] se jette sur son épée »).

Le manuscrit de Reichenau (Karlsruhe, *augiensis* 27), auquel sont empruntées ces notes, est le premier volume d'une Bible datée de l'an 1435. Les deux volumes appartenaient, au XVe siècle, à maître Johannes Spenlin. Ce serait une Bible comme il y en a tant, plus ou moins conforme à la tradition ordinaire des Bibles copiées sur celles de Paris, si elle ne se distinguait par de fort jolies peintures qui n'ont pas leur pendant dans les Bibles parisiennes. C'est ainsi que le livre de Tobie est précédé d'une charmante miniature qui représente Tobie et l'ange, son compagnon, en costume de pèlerins, avec des images saintes à leur chapeau. Les Allemands qui ont fait copier et enluminer cette Bible étaient loin du centre de la librairie. C'est ainsi qu'ils ont dû, pour diriger leurs ouvriers, leur prescrire leur tâche au moyen de notes qui sont heureusement arrivées jusqu'à nous.

Tout autrement riche est la moisson que nous fournissent les Bibles en langue française. Il serait possible, avec l'aide des notes pour l'enlumineur qui n'ont pas été effacées sur les marges de nos Bibles françaises, de tracer le programme de l'illustration traditionnelle de la Bible historiale. Nous ne voudrions pas répéter ce qui a été dit ailleurs[1], c'est pourquoi nous nous bornerons à ajouter, aux nombreux exemples qui ont déjà été publiés, la copie de quelques notes prises sur les marges des Bibles françaises. En voici quelques-unes, écrites au crayon rouge en regard des miniatures du manuscrit 9001 et 9002 de la Bibliothèque royale de Bruxelles (xve siècle) :

Fol. 309 : .j. prophete assis qui pleure et .ij. hommes qui lui monstrent une cité abattue.

PETIT JOB : Plusieurs jeunes gens assis à table...

JOB, ch. IV : .j. ancien homme qui parle à Job et lui monstre .j. lion mort (IV, 9 et 10).

Ch. VII : Job assis sur .j. fumier et sa femme de costé lui et .j. ancien homme qui lui monstre le ciel.

Ch. X : Job assis et tout nu et .j. ancien homme qui parle à lui.

Ch. XXIX : Job qui est assis sur .j. fumier et .j. jeune homme qui [parle à] lui.

JUDITH : Une cité et devant une grant chevauchée de gens d'armes.

HISTOIRE DES MACHABÉES : .j. evesque qui tue .j. chevalier deans .j. temple.

ÉZÉCHIEL : .j. prophete qui est assis sus une riviere et plusieurs pouvres gens autour de lui auxquelx il presche.

DANIEL : Une main toute seule qui escript en .j. mur et .j. prophete qui le monstre (?) à .j. roy.

PSAUME I : [.j. roy] qui se siet et escript en .j. livre et gens qui le resgardent.

PSAUME XXVI : .j. jeune roy qui est assis sus une chaiere

---

1. *La Bible française au moyen âge*, p. 287 et suiv.

et .j. prophete qui le oing en roy et plusieurs gens qui le resgardent.

Psaume lxviii : .j. prophete qui dort en son lit et .j. evesque qui est à l'uis [de .j.] esglise qui prent par la main plusieurs pouvres gens (v. 38).

Voici encore quelques notes du même genre :

Bruxelles, 9634 (manuscrit daté de 1355, autrefois relié aux armes de Hainaut et de Bavière) :

Joel : .j. pasteur giu de moutons et tient une croce en sa main et Nostre-Seigneur se moustre à lui par une nue.

Amos : Comme .j. viel homme est apuié dedens .j. lit et Nostre-Seigneur s'apert à lui en une nue.

Bibl. nat., fr. 15396 (xv° siècle) :

Saint Jean : Comment li apostle annuncent le pueple de bien faire.

Bibl. nat., fr. 20066 (Raoul de Presles, fin du xv° siècle) :

Daniel : Soit cy fait hystoire comment le roy fist mettre hors de la fournaise les trois enfans et l'ange qui estoit avecques eulx, tous sains et saulfs.

Les notes que nous trouvons dans le manuscrit Bibl. nat., fr. 161 (xiv° siècle)[1] sont encore plus curieuses. Il est arrivé au rubriqueur un accident assez fréquent au moyen âge : ce calligraphe a pris les notes de la marge pour des projets de rubrique, et il les a copiées, de sa plus

---

1. Cette Bible historiale est signée de Gefroy Godion ; elle est ornée de la bordure tricolore que l'on voit sur les plus beaux manuscrits, à partir du règne du roi Jean.

belle écriture, à l'encre rouge. Cette inadvertance nous a conservé les notes pour l'enlumineur, et nous sommes à même de les comparer avec les peintures elles-mêmes :

JUGES : Uns anciens qui se retourne à une grant multitude de gent, et devant lui sera Dieu en une nue.

La même rubrique se lit auparavant, au milieu du livre de Josué (fol. 128 v°), mais cette fois la « multitude de gens » a été oubliée par le peintre.

I. ROIS : Une yglise et un autel, et tres personnes dessus qui tiennent une beste diverse, et une fame à genoulz devant eulz (la bête est représentée comme un lion).

III. ROIS : .j. roy couronné gisant en un lit et un autre assis en chaiere que .ij. evecques couronnent et un vallet derrier chascun evesque.

IV. ROIS : Un char en air et un homme desus qui joint ses mains, et un homme desouz priant, ses mains contremont, et si a ou char .ij. chevaulz en costé l'un l'autre, et sur le char par derriere un voile estendu.

La peinture qui accompagne cette description représente (chose singulière) un tout autre sujet. Au lieu de l'assomption d'Élie, le peintre, indocile à ses instructions, a représenté la chute d'Achazia. De telles infidélités ne sont pas sans exemple, et on pourrait donner encore plus d'une preuve des libertés que le peintre se permettait à l'égard du canevas que lui fournissait l'entrepreneur. En voici un exemple, qui a déjà été cité[1] :

---

1. Manuscrit Ashburnham, Barrois 110, de la première moitié du xivᵉ siècle (*La Bible française*, p. 289).

Psaume lxviii : Un roi tout nu issant de terre, tendant ses mains vers le ciel et est en terre jusques au ventre.

Le libraire s'est trompé. D'après la tradition constante des manuscrits, la miniature du psaume lxviii doit représenter David, non en terre, mais dans la mer. C'est pourquoi le peintre, mieux avisé que son directeur, et connaissant mieux que lui les usages, a désobéi au libraire et a représenté David dans les eaux jusqu'à la ceinture.

On trouve parfois, dans les instructions pour l'enlumineur, d'assez curieuses corrections. Tel est le « repentir » que nous observons dans une note du manuscrit 1906, de Cheltenham[1]. Il s'agit de la miniature du livre de Ruth, que le libraire, avec sa négligence habituelle, a placée en tête du livre des Juges :

Un homme couchié dedenz un lit dormant, et y ait arbres autour, et une damoiselle en chemise qui se couche ou lit.

Le libraire a remarqué après coup que, d'après le récit biblique, Ruth ne s'est couchée que *a parte pedum*, au pied du lit de Booz. C'est pourquoi il a effacé les deux derniers mots et il les a remplacés par ceux-ci : « Aux piés du lit. »

Les notes pour l'enlumineur, dans les manus-

---

1. Bible de Pompadour, de 1368, avec bordure tricolore, signée de Colin Nouvel (*La Bible française,* p. 287). A la fin de cette Bible, nous trouvons le reçu du copiste : « Explicit Apocalipsis. S'a l'argent. »

crits de la Bible exécutés en France, sont presque sans exception en français[1]. Les seules notes en latin que nous ayons se lisent dans le manuscrit 9634 de Bruxelles, cité plus haut. Les peintres qui travaillaient à orner les manuscrits français n'étaient pourtant pas tous français eux-mêmes. Dans la célèbre Bible historiale du duc de Berry, Bibl. nat., fr. 159, au fol. 531, nous voyons, en tête de l'Apocalypse, une peinture à couleurs tendres où le jaune et le rose se rencontrent assez heureusement, comme sur les miniatures d'Allemagne et de Bohême ; elle représente saint Jean, en cheveux blonds ; le type de la figure est allemand. Sur la banderole que l'évangéliste tient en ses mains on lit, non sans peine, mais avec certitude, ces mots que le peintre, comme pour les cacher, a écrits en caractères microscopiques : *Got allein eh[r]en sey der ist...* Ceci est la signature d'un artiste allemand travaillant pour le compte d'un libraire français et d'un grand prince du sang.

1. Les manuscrits de la Bible française où l'on peut trouver des notes pour l'enlumineur, en dehors de ceux qui ont été cités, sont les suivants : Mus. Brit., 19. D. II. (Bible du roi Jean, à bordure tricolore) ; 19. D. VI. (Psaumes, xve siècle — notes au crayon rouge. Le peintre paraît avoir signé : « Jo. M. ») ; Sainte-Geneviève, A. fol. 1 (Bible de Guillaume de la Baume, commencement du xive siècle — notes au crayon rouge) ; A. fol. 2 (signé de Gefroi de Saint-Ligier, xive siècle) ; Bibl. nat., fr. 152 (de 1347), et Mus. Brit., Lansdowne 1175 (Raoul de Presles, fin du xive siècle) ; en tout, treize manuscrits.

II.

Les notes pour l'enlumineur dans les textes littéraires, les ouvrages d'histoire, de science, les livres liturgiques, etc.

Les notes pour l'enlumineur sont d'un usage au moins aussi fréquent dans les manuscrits autres que ceux qui renferment des textes bibliques. Elles paraissent avoir été surtout employées en France, au XIVe siècle, et pour les copies de luxe des ouvrages littéraires ou historiques. Très souvent, il est vrai, elles ont disparu, comme c'était leur destinée. On ne peut plus constater que le souvenir de leur existence ancienne par la trace des grattages ou par les vestiges, au bas de la page, de la partie supérieure de certaines lettres en hauteur, comme les *l*, les *f*, qui s'élevaient au-dessus du niveau où le couteau du relieur a passé. Néanmoins, une ample moisson d'exemples peut encore être faite. Citons-en quelques-uns particulièrement remarquables par leur ancienneté, par leur date certaine ou par le développement de leurs détails.

Pour la fin du XIIIe siècle, nous en trouvons dans une copie de la traduction française de *Guillaume de Tyr*, manuscrit français 9084 de la Bibliothèque nationale. Elles ont servi à guider l'enlumineur dans l'exécution d'une série de lettres historiées, contenant généralement chacune deux sujets superposés, qui ouvrent les vingt-deux livres de l'ouvrage :

Au IIIe LIVRE : Ici assaut de crestiens et une peiriere qui giete à la tor. Desoz (dessous, c'est-à-dire dans le registre inférieur) une dame et .ij. de ses enfanz qui s'en cuidoit eschaper en une nef, et si com l'en les prent.

VIIIe LIV. : Ici, en ceste estoire[1], a .j. chastel de fust (bois) et crestiens dedanz, et, devant els, vieilles qui mostrent leur dos. Et desoz l'assaut.

XIIIIe LIV. : Ici, comment la contesse de Triple (Tripoli) chiet as piez le roi et li prie qu'il secore son seigneur. Après si com li cuens de Triple geue as tables et .j. chevaliers i vient qui le fiert parmi la teste d'une espée[2].

XVIIe LIV. : Ici, comment li empereres d'Alemaigne et li rois Looys de France assieent la cité de Domas. Desoz, comment Noradins, princes de Sarradins, se baigne toz nuz en l'eue par signe de victoire.

Ces notes sont tracées au ras du bord de la marge inférieure, en caractères posés, de la même main que le texte, avec des proportions seulement un peu plus petites pour les lettres.

Des notes analogues se retrouvent dans un *Eracles* du commencement du XIVe siècle (Bibl. nat., ms. français 2825) qui a appartenu dans la suite à Jacques de la Marche, roi de Hongrie et

---

1. En cette histoire, c'est-à-dire en cette miniature.

2. Ici, comme partout ailleurs, l'enlumineur a exactement suivi les indications données. On voit, en conséquence, dans la partie supérieure de l'image, une dame suppliant aux pieds d'un roi, et, dans le bas, un seigneur assassiné pendant qu'il joue à la table d'une sorte de trictrac.

BIBLIOTHÈQUE

de Sicile, puis à l'infortuné Jacques d'Armagnac,
duc de Nemours; mais ici elles sont inscrites
d'une écriture cursive très fine, et mises sur les
côtés des marges, à la hauteur des places réser-
vées aux images :

Fol. 27 : Un hot (une ost, ou troupe de gens de guerre).

Fol. 35 vº : [B]ataille de cretiens et de [paie]ns en un
bois.

Fol. 43 rº : Gens, un hot, qui regardent un chastel qui
est sus une tres haute montagne.

Fol. 89 vº : Deus chevaliers qui se mariere à deus filles
le roi de France.

Fol. 179 vº : Un evesques lié sus le soumet d'une tour
et gens qui le regardoient.

Fol. 295 : Nef en mer qui est contrent une cha[ine] qui
fet defance à une ville.

Parfois, il y a deux séries de notes, l'une s'ap-
pliquant aux rubriques qui doivent être placées
dans le texte, en en-tête de chapitres, l'autre aux
illustrations. Citons, à cet égard, un volume des
Chroniques de France (Bibl. nat., ms. français
10132), qui offre cet intérêt de se présenter à
nous avec une date et une origine certaines,
ayant été copié à Paris en 1318 dans l'atelier
d'un libraire connu, Thomas de Maubeuge, ainsi
que l'indique le début du texte : « Ci commen-
cent les croniques des roys de France... lesqueles
Pierres Honnorez, du Nuefchastel en Normendie,
fist escrire et ordener en la maniere que elles
sont, selon l'ordenance des croniques de Saint-
Denis, à mestre Thommas de Maubuege, demo-

rant en rue Nueve-Nostre-Dame de Paris, l'an de grace Nostre-Seingneur mil CCC et XVIII[1]. »

Les notes relatives aux rubriques ont été posées les premières, soit en bas, soit quelquefois en marge sur le côté. Elles sont de la même main que le texte du volume, et c'est encore le même individu qui en a ensuite recopié posément la teneur en rouge, à l'endroit voulu. Les notes pour l'enlumineur sont, au contraire, d'une écriture différente et toujours placées dans le bas des pages. Parfois le texte de la rubrique et l'indication pour l'enluminure se suivent sur la même ligne sans interruption ; et c'est alors que la différence des écritures est le plus sensible aux yeux. En somme, nous constatons ici l'intervention successive, dans la confection et l'ornementation du manuscrit, de trois individus : le copiste qui s'occupe également des rubriques ; celui que l'on peut appeler le directeur de l'illustration, différent du copiste, qui rédige les notes pour l'enlumineur ; enfin, cet enlumineur qui est venu remplir le programme tracé.

1. Le volume a appartenu dans la suite à Anne de Bueil, qui épousa, en 1428, Pierre d'Amboise. — Voir, sur ce manuscrit : L. Delisle, *Le Cabinet des manuscrits,* t. I, p. 15 ; t. II, p. 345, et t. III, p. 304.

Des dispositions analogues à celles suivies dans les *Chroniques de France* de 1318 avaient déjà été prises dans un *Livre du trésor* daté de 1310 (ms. français 1109 de la Bibl. nat.). Mais, dans ce manuscrit, les notes, et particulièrement celles qui s'adressent à l'enlumineur, sont devenues presque illisibles.

Les notes sont souvent assez développées :

Comment li rois Klm.[1] entre en l'eglise S.-Pierre de Rome, et comment li papes asisl asisl (*sic*) le couronne empereal sour le chief, et il est à genous devant le pape (fol. 147).

Comment .j. roys est en biere et grant luminaire entour, et grant plenté de dames[2] et de chevalier et de clergié (fol. 252 v°).

Comment une dame gist d'enfant, et comment les fames qui avec li sont le recoivent entre lor bras (fol. 266 v°).

A un endroit (fol. 168 v°) le directeur de l'illustration a modifié ses instructions. Il avait d'abord écrit : « Comment Kallemagne est en Galisse à toutes ses os[3] contre Sarrazin et asaut une cité et... (le reste illisible). » Une partie de cette note a été barrée à l'encre, et le texte rectifié ainsi : « Comment Kallemagne est en son lit et voit en son dormant un grant chemin ou ciel qui s'en aloit en Espaingne et vers Gallice, » et c'est ce dernier sujet que le peintre a traité.

Cet usage des indications pour l'enlumineur a pénétré dans tous les genres de manuscrits. On le voit appliqué dans les ouvrages de science : témoins, à la Bibliothèque nationale, un Platearius, *Abrégé du traité des simples* (mss. français 1309 à 1312), où les notes donnent soit le nom de la plante à figurer, soit l'indication du sujet :

1. Karlemagne.
2. Notons en passant que l'enlumineur a manqué sur un point à ce programme, en oubliant les dames dans son image.
3. Avec toutes ses troupes.

« Ung homme qui pesse du poison (un pêcheur), »
et un *Livre des propriétés des choses* (ms. français 22532). On en constate la présence dans les
livres liturgiques. M. Delisle, par exemple, en a
relevé plusieurs dans un pontifical romain qu'il
soupçonne avoir été fait pour la chapelle de
Benoit XIII (ms. latin 968 de la Bibl. nat.) :

Hic pingatur papa genuflexus. Hic ponatur una mulier
genuflexa in habitu viduali, tenens paternostres in mani-
bus. Ad pennellum pingatur stola; etc. [1].

De même, elles étaient aussi employées pour
les livres d'heures [2]. Mais c'est principalement
dans les ouvrages littéraires que les notes pren-
nent une importance particulière. Dans certains
cas, le chef d'atelier veut que les images répondent parfaitement au texte jusque dans les plus
menus détails. Il indique alors à l'enlumineur des

1. L. Delisle, *Le Cabinet des manuscrits,* t. I, p. 491.
2. Dans cette catégorie de manuscrits, les notes pour l'enlumineur affectent, au xve siècle, une forme particulière.
L'illustration des livres d'heures était alors soumise à des
règles constantes. A chaque partie, par exemple à chaque
heure canonique, correspondait toujours un même sujet. Il
suffisait donc d'indiquer à l'enlumineur à quel endroit du
livre se rapportait une image, pour que le choix de la com-
position à traiter se trouvât nettement précisé. C'est dans ce
sens que sont rédigées les notes encore lisibles sur quelques
livres d'heures dont l'exécution n'a pas été achevée : « Istoyre
de la passion selon Sainct Jehan » (Bibl. nat., ms. latin 1160,
fol. 9); — « Histoire à tierce, » « Histoire à vespres, » « Histoire de matines de mors » (Bibl. Mazarine, n° 473, fol. 92 v°,
108 et 164); etc.

particularités de costume. Il précise, par exemple, les armoiries qui doivent être blasonnées sur les écus et l'habit de guerre ou de tournoi des chevaliers. A cet égard, rien n'est plus caractéristique que les notes, d'une écriture cursive très fine, placées au bas des pages dans un exemplaire du *Roman de la Dame à la licorne*, du milieu du XIVe siècle, ms. français 12562 de la Bibl. nat. :

Chi endroit faites une dame [tenant] .j. miroir, seant, et une licorne derriere li et .j. chevalier seant devant la dame, escrisant sur son genouil. Asiete li chevaliers sur une mote de terre. Et y ait plusieurs arbres et plusieurs oiselés sur les arbres, et une fontaine yssant de le mote de terre (fol. 1).

Faites une dame seant sur une mote de terre, tenant un miroir, et unne licorne en son giron, et .j. chevalier en ses dras[1], tout droit, parlant à la dame, qui se flecist vers la dame (fol. 2 v°).

Faites .j. chevalier, les iex bendés, seant sur .j. lion, et par derriere .ij. hommes qui batent ce chevalier de verges, et par devant .j. chevalier à blanques armes, son escut tout noir semé de poins blans, qui reskout ce chevalier qui siet sur le lyon et enmainne le chevalier et le lyon (fol. 17).

Faites .j. chevalier tout blanc, armet si comme devant[2], qui jouste contre plusieurs chevaliers issans d'un chastel ; et en y a l'un, à qui il jouste, à armes d'azur, et son escut une rose blanque (fol. 20).

Faites une roynne seant à table, et .iij. dames avoec li et .ij. compengnons mengans sur .j. bachin devant la

---

1. C'est-à-dire en habits de drap, et non en armure.
2. C'est-à-dire avec un écu noir semé de points blancs.

table, et tient li .j. un voirre à quoi il boit, et li autres tourne le teste en regardant la roynne (fol. 26 v°).

Faites encore .j. eschaffaudie u il [ait] plusieurs dames dessus, rewardant .j. tournoi de plusieurs chevaliers, et .j. chevalier tout blanc, armet si comme j'ai dit en plusieurs lieus, qui abat .j. autre de cop de lance et .j. lyon qui sieut ce blanc chevalier (fol. 45 v°).

Faites encore unne damoiselle seant sur .j. porc-espi, et plusieurs chevaliers armés à glaives devant li, et .ij. arbres en un lieu; et soit li premiers chevaliers armés d'unnes armes d'azur à .j. lyon d'or en son escu (fol. 48 v°).

En général, l'enlumineur suit exactement les indications : « Faites .ij. chevaliers, et faites l'un des chevaliers anciens; » — un des chevaliers a une barbe grise. « Faites .j. homme séant, en maniere d'un amirant; » — cet « amirant, » c'est-à-dire cet « émir, » est caractérisé par une forte barbe et une coiffure bizarre qui vise à être orientale. Cependant, quelquefois, il prend des libertés. « Faites .j. chevalier... en genous devant .j. grant sepulcre, et en une grant eglise. » Ce programme n'eût pas embarrassé un enlumineur du xve siècle. Mais l'artiste du xive siècle a reculé devant la difficulté de représenter un intérieur d'édifice. Il s'est borné à placer au-dessus du sépulcre, se détachant sur le fond d'ornement de la miniature, une simple lampe suspendue, qui, à elle seule, symbolise l'église prescrite.

Des notes pour l'enlumineur aussi développées risquaient, en restant sans être effacées, de donner naissance dans la suite à une erreur du même genre que celles signalées à propos des manuscrits bibliques. Qu'une nouvelle copie fût effectuée d'après le volume où elles se trouvaient, elles pouvaient être prises par un scribe mal avisé pour des indications de rubriques et être incorporées par lui dans le texte.

C'est ce qui est arrivé pour un exemplaire du *Miroir du Monde* ou de la *Somme des Vices et des Vertus* (la *Somme le Roi*), par frère Laurent, « escript à Paris, l'an M CCC LXXIII [1373], la veille de l'Ascension Nostre-Segneur, » ms. français 14939 de la Bibl. nat. Dans ce manuscrit, en tête de chaque chapitre, est, en règle générale, une rubrique tracée en rouge, de la même main que le corps de l'ouvrage, pour donner le titre et le numéro d'ordre du chapitre. Mais à certains chapitres il y a une miniature ; et alors, au lieu du titre et du numéro ou avant eux, on trouve, placée en rubrique de la même manière, la teneur d'une note pour l'enlumineur qui vient certainement d'un exemplaire antérieur[1] :

1. En effet, les images qui correspondent le mieux à ces notes du ms. français 14939 ne sont pas celles de ce volume même, mais celles que l'on trouve dans des copies plus anciennes du même ouvrage, par exemple dans le ms. français 938, écrit en 1294. Ainsi les notes mentionnent des « noms » pour les figures allégoriques. On voit bien ces noms dans le ms. français 938, inscrits sur les cadres des miniatures, tandis qu'ils ont été omis dans le ms. fr. 14939.

Les notes pour l'enlumineur, transformées en rubriques dans le manuscrit de l'année 1373, ont passé textuellement,

Cy doit estre paint Prudence, Attemperance, Force et Justice. Prudence doit estre une dame qui siet en une chaiere et tient un livre ouvert et list à sez disciples qui sient à sez piez. Et Attemperance doit estre painte de costé en la part senestre, et doivent etre .ij. dames seans à une table mise de viandes ; l'une parle à l'autre par contenance de mains ; et dessouz la table a un povre à genouz qui prent un hanap à pié et boit. Force doit estre painte dessous, une damoisele, à destre, en estant, vestue d'un mantel ; et a entre les .ij. mains un lyon en un compas raont en forme d'un platel[1]. Justice doit estre après, à senestre, en seant ; et tient en une main une espée, et en l'autre unez balances en semblance de peser (fol. 97).

Ci doit avoir .iiij. ymages. Li premier doit estre, par devers destre, une dame en estant qui a nom Humilité ; et doit tenir .j. aignel en un compas raont. Après, devant soi, doit avoir une tour à carniaux ; et en celle tour doit avoir un ymage qui chiet des carniax aval, qui a nom Orguel. Et, dessoubz Humilité, doit avoir une ymage qui est en un mantel, à genous devant l'autel humblement en orison. Et, dessous la tour, doit avoir un autel et un homme à genous et ne regarde mie l'autel, ainçois regarde l'ymage derriere soi, et la monstre au doit en semblance de moque-rie. Ce sont les noms : Humilité, Orgeul, le Pecheur, Hypo-crite (fol. 100 v°).

Cy doivent estre lez ymages de Sobrieté et de Gloutrenie

sauf la dernière, et à quelques distractions près de l'écrivain, un siècle plus tard, dans une nouvelle copie du même livre, exécutée en 1464 pour Isabeau d'Écosse, duchesse de Bre-tagne, ms. français 958 (voir : P. Paris, *Les Manuscrits françois de la bibliothèque du roi*, t. VII, p. 313, et comparer l'exemple qui est donné d'après ce manuscrit avec la première de nos citations).

1. C'est-à-dire un disque rond portant une figure de lion.

qui (*sic*). Et le riche au disner, et le ladre à la porte, et le riche qui demande la goute d'yaue[1]. Et dessus doit avoir une dame en estant sus un lyon qui tient un oisel et a nom Sobrieté. Et devant la dame doit avoir un homme en seant à une table, qui a nom Gloutrenie, et gete par la gueule. Et, dessoubz la dame, doit avoir un homme en seant qui taille son pain par mesure. Et, dessous Gloutrenie, doit avoir .j. homme et une fame seant à la table. Et fet la fame semblant de doner aumosne au ladre. Et l'omme deffant à son escuier qu'il ne le wist point, et le fet chacier hors; et li chien le chascent et li lechent les piés (fol. 153)[2].

Dans tous les exemples cités jusqu'ici, les notes pour l'enlumineur s'appliquent à la description du sujet à traiter. Il peut arriver qu'elles répondent à un autre ordre de préoccupations. Dans ce genre, la plus intéressante nous est fournie par le ms. français 823 de la Bibl. nat., le *Pèlerinage de la vie humaine*, achevé de copier le 29 avril 1393 par l'excellent calligraphe Oudin de Carvanay. A un endroit (fol. 18 v°), Oudin de Carvanay a voulu réserver une place blanche dans le texte; et,

---

1. Ce début fait double emploi avec ce qui suit. D'autre part, la première phrase s'arrête inachevée, et la seconde mentionne un détail : *le riche qui demande la goutte d'eau*, qui ne se trouve pas dans la miniature correspondante. Nous prenons ici sur le fait une copie inintelligente et trop servile d'une note où il y avait évidemment des repentirs de rédaction, comme nous en avons signalé des exemples.

2. Des notes analogues, copiées en place de rubriques, se trouvent encore aux fol. 86, 94 v°, 108, 112, 121 v° et 133 v° du manuscrit. — Cf., dans le ms. français 958, fol. 4, 6, 41, 44, 53 v°, 57, 60 v° et 66 v°.

comme celle-ci aurait pu paraître à l'enlumineur destinée à recevoir une image, il a averti celui-ci par cette note en marge : « Remiet, ne faites rien cy ; car je y ferai une figure qui y doit estre[1]. »

Nous savons donc par là que l'enlumineur du manuscrit s'appelait Remiet. Et, en effet, dans plusieurs documents d'archives de la même époque, on retrouve ce Remiet ou Pierre Remiet, mentionné comme un miniaturiste en vogue, appelé notamment en 1396 à travailler pour le duc Louis d'Orléans, frère de Charles VI[2].

D'autres fois, à défaut du nom, les notes nous donnent une indication sur la nationalité de l'enlumineur. La bibliothèque de l'Arsenal possède un très bel exemplaire de la traduction française du *Décaméron* de Boccace provenant de la collection des ducs de Bourgogne (n° 5070). Cette copie a été exécutée à Grammont, en Belgique, par ce Guillebert de Metz auquel nous devons aussi une si précieuse description de Paris sous Charles VI. Parmi les nombreuses miniatures qui l'illustrent,

---

1. Cette note a été relevée par M. Delisle, *Le Cabinet des manuscrits,* t. I, p. 37.

2. Ce même Remiet paraît aussi être l'auteur des illustrations d'un exemplaire du *Dit du lion,* passé de la collection Hamilton au Cabinet des estampes du Musée de Berlin, où l'on trouve également des vestiges des notes pour l'enlumineur. — Voir P. Durrieu, *Notes sur quelques manuscrits français ou d'origine française conservés dans des bibliothèques d'Allemagne* (extrait de la *Bibl. de l'École des chartes,* année 1892), p. 12.

une partie sont marquées d'un caractère local très
accentué. Leur apparence semble permettre à elle
seule d'affirmer qu'elles doivent être l'œuvre d'un
enlumineur purement flamand de naissance et
d'éducation. Or, au bas de quelques-uns des feuil-
lets portant les miniatures en question, les notes
pour l'enlumineur ont échappé au grattage général opéré partout ailleurs; et ces notes se trouvent
être précisément rédigées en flamand[1], tandis
qu'il n'y a pas un seul mot de cette langue dans
le reste du manuscrit. Ainsi les notes pour l'enlumineur peuvent apporter leur secours à l'histoire de l'art. Elles viennent garantir l'exactitude
d'inductions suggérées d'abord par l'examen
critique du style des peintures[2].

Ce qui fait l'objet de notre étude ce sont, à pro-
prement parler, ces notes ainsi mises à l'avance
pour guider le miniaturiste dans son travail. En
terminant, nous dirons encore un mot d'autres
notes qui étaient, au contraire, inscrites après
coup, mais qui se rapportent toujours à l'opéra-
tion de l'enluminure du volume.

L'œuvre terminée, il restait à solder le salaire

1. Par exemple : .j. man enn .j. wijf, .j. man enn .j. wijf,
staende neven .j. riviere (deux couples, l'un derrière l'autre,
se promenant au bord d'une rivière), etc.

2. Une observation analogue peut être faite sur le ms.
latin 3313 A. de la Bibl. nat. Dans ce volume, exécuté vers
1349 dans le midi de la France, tandis que le texte est en
provençal, entremêlé de latin, les notes pour l'enlumineur
sont rédigées en français du nord (langue d'oïl).

de l'artiste. En règle générale, l'enlumineur était
payé à la tâche. Les miniatures et les grandes
lettrines lui étaient comptées à la pièce, suivant
un tarif convenu ; les lettres moins importantes
et les ornements de toute nature, — les « ver-
sets, » les « interlignaires, » les « paragraphes, »
— à la douzaine ou à la centaine. Il y avait donc
un décompte à faire en faveur de l'exécutant.
Dans certains manuscrits, ce calcul ou l'indication
des prix ont été portés par écrit sur le volume
même, soit en cours d'exécution, par exemple au
bout d'un cahier, soit tout à fait à la fin :

Une ystore (miniature) : x s[ous]. — v^cxliij lettres, le
c[ent] vj s. : valant xxxij s. vj d. — cl entrelinares :
xviij d. — Somme : xliiij s. (ms. latin 4040 de la Bibl.
nat., fol. 140 v°).

Precium litterarum cum figuris : j grossus. — Precium
litterarum sine figuris : xviij denarii. Precium litterarum
que dicuntur champide : viij denarii pro pecia, etc.[1].

Quelquefois le décompte est complété par l'ac-
quit du miniaturiste reconnaissant avoir reçu
son dû :

Ego frater Sancius Gonterii habui pro illuminatura
hujus libri a Johanne Reginaldi xvij florinos vij solidos[2].

Dans un autre manuscrit, au cours du volume :

iij^c et vj lettres et xxiij^c versés. — (*A côté, d'une écri-*

---

1. Pour ce dernier exemple et pour d'autres du même
genre, tirés des mss. latins 968 et 5126 de la Bibl. nat., voir
Delisle, *Le Cabinet des manuscrits,* t. I, p. 490-491.

2. Delisle, *loc. cit.,* d'après le ms. latin 968.

ture différente :) Je suis paiés de ce marché et ay receu noviau marché : xiij s. et vj d.[1].

Ici ce n'est plus seulement le chef d'atelier qui donne ses instructions. C'est un dialogue, en quelque sorte, dont l'écho nous arrive, entre ce chef d'atelier et l'enlumineur qu'il emploie.

1. Ms. latin 4040 de la Bibl. nat., fol. 164 v°.

Imprimerie DAUPELEY-GOUVERNEUR, à Nogent-le-Rotrou.

www.ingramcontent.com/pod-product-compliance
Lightning Source LLC
LaVergne TN
LVHW051124060726
842526LV00006B/1897